快乐科普大讲堂

智慧的人类朋友

汽车的发展史话

⊙ 卜 可 编著

中州古籍出版社
·郑州·

人物简介

阅读说明

对话第一句用　　表示，第二句用　　表示，第三句用　　表示，第四句用　　表示，第五句用　　表示。

图书在版编目（CIP）数据

汽车的发展史话 ：智慧的人类朋友 / 卜可编著.
- 郑州：中州古籍出版社，2013.6
（快乐科普大讲堂）
ISBN 978-7-5348-4276-4

Ⅰ. ①汽… Ⅱ. ①卜… Ⅲ. ①汽车工业-工业史
-世界-青年读物 ②汽车工业-工业史-世界-青年读物
Ⅳ. ①F416.471-49
中国版本图书馆CIP数据核字(2013)第114888号

汽车的发展史话
Qiche De Fazhan Shihua

出版社：中州古籍出版社
（地址：郑州市经五路66号　　邮政编码：450002）
发行单位：新华书店
承印单位：定州市新华印刷有限公司
开本：710mm×1000mm　1/16　**印张**：10
字数：300千字
版次：2016年8月第3版　**印次**：2016年8月第1次印刷

定价：28.00元

假期到啦，科学博士把孩子们召集在一起，了解一些有关汽车的知识。

对于我们人类来说，100岁真的是一个很大并且值得纪念的年龄，博士爷爷，那汽车的百年诞辰是什么时候呢？
那是在1986年1月29日，全世界都在庆祝汽车的百年诞辰。

MINI
MINI ROCKETMAN
CONCEPT

那么是谁发明了第一辆汽车呢？
有谁知道嘛？
这个我知道是卡尔·奔驰。

他是哪个国家的人啊？
德国人。

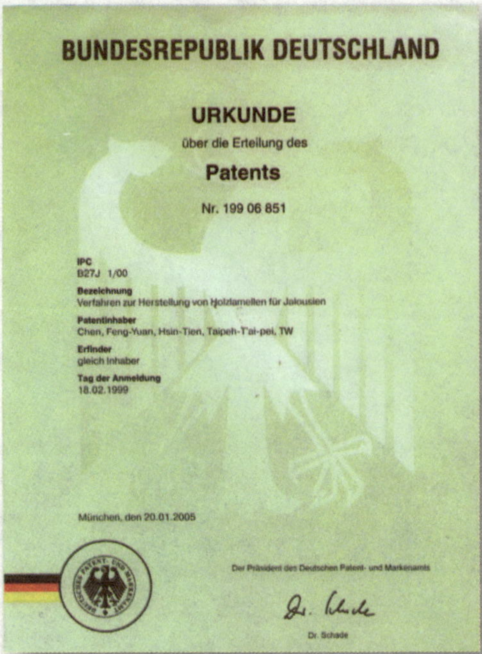
BUNDESREPUBLIK DEUTSCHLAND

URKUNDE

über die Erteilung des

Patents

Nr. 199 06 851

IPC
B27J 1/00

Bezeichnung
Verfahren zur Herstellung von Holzlamellen für Jalousien

Patentinhaber
Chen, Feng-Yuan, Hsin-Tien, Taipeh-T'ai-pei, TW

Erfinder
gleich Inhaber

Tag der Anmeldung
18.02.1999

München, den 20.01.2005

Der Präsident des Deutschen Patent- und Markenamts

Dr. Schade

德国专利证书

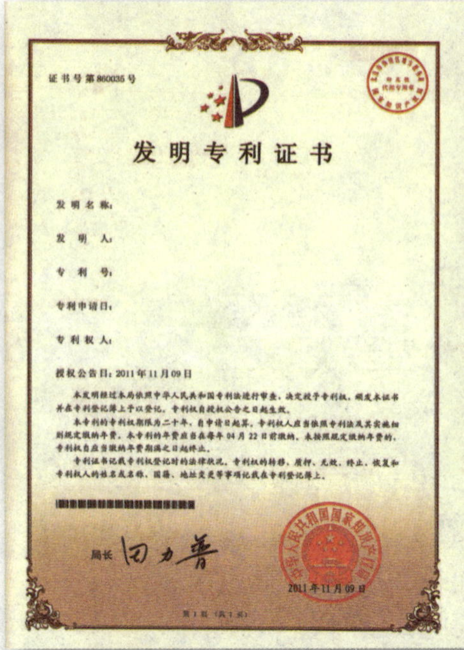
证书号第860035号

发明专利证书

发明名称：

发明人：

专利号：

专利申请日：

专利权人：

授权公告日：2011年11月09日

本发明经过本局依照中华人民共和国专利法进行审查，决定授予专利权，颁发本证书并在专利登记簿上予以登记。专利权自授权公告之日起生效。

本专利的专利权期限为二十年，自申请日起算。专利权人应当依照专利法及其实施细则规定缴纳年费。本专利的年费应当在每年04月22日前缴纳。未按照规定缴纳年费的，专利权自应当缴纳年费期满之日起终止。

专利证书记载专利权登记时的法律状况。专利权的转移、质押、无效、终止、恢复和专利权人的姓名或名称、国籍、地址变更等事项记载在专利登记簿上。

局长 田力普

2011年11月09日

中国专利证书

大家说的都对，德国工程师卡尔·奔驰因发明了内燃机车而获得专利。更让这位勤奋的发明家意想不到的是，这份专利证书被视为汽车诞生的标志。

我还知道，他是一个工程师。

原来是这样啊！

卡尔.奔驰

小知识链接

专利

专利（patent）即一项发明创造的首创者所拥有的受保护的独享权益。它来源于拉丁语Litterae patentes，意为公开的信件或公共文献，是中世纪的君主用来颁布某种特权的证明，后来指英国国王亲自签署的独占权利证书。专利是世界上最大的技术信息源，据实证统计分析，专利包含了世界科技信息的90%～95%。

汽车是以内燃机产生动力，并通过传动装置驱动车轮的机车。按用于机车的内燃机种类的不同可分为柴油机车和燃气轮机车。柴油机车使用最为广泛。在中国，内燃机车这一概念习惯上指的是柴油机车。

卡尔·奔驰汽车

我知道，据说卡尔·奔驰在这辆车的后桥处安装了两个近乎人高的车轮。
而且和现在的汽车几乎没有相似之处。
对，车轮由钢丝轮辐和硬橡胶轮胎构成。

卡尔·奔驰设计的汽车。

轮辐是车轮上连接轮辋和轮毂的部分，是保护车辆车轮的轮圈、辐条的装置，其特征是一对圆形罩板。罩板直径的大小和轮圈直径的大小相接近。罩板的中央有大于车轮转动轴的孔，在罩板接近边缘的部分有孔口，罩板的边缘有环形轮板，轮板的曲面能与轮圈的曲面紧密贴合。一般的运动型车辆轮毂辐条数都为单数5、7等。

轮辐

四轮汽车

那么第一辆汽车现在在哪里啊？
在慕尼黑的德意志博物馆里。

小知识链接

德意志博物馆

德国德意志博物馆是世界上最大的科技博物馆，每年要接待近150万人次的游客，展出的展品有约28 000个主题，涉及50多个科技领域。德意志博物馆成立于1903年6月28日，早期一直由奥斯卡·范·米勒管理。自1925年起，博物馆就更换到了一座岛屿上，而博物馆建筑也比原先的规模更大。后来，这里还补充了一间图书馆、会议大厅以及其他设施。德意志博物馆所在岛屿是位于慕尼黑伊撒尔河的一个小岛。这座岛屿曾在中世纪时期被作为伐运木材的地方，不过这都是1772年以前的事情，因为时不时的洪水总会将这座岛屿淹没一段时间，所以岛上也就没有任何建筑物。1772年，在岛上修建了伊撒尔兵营。1899年洪水之后建筑物得到重建，增建了防洪设施。1903年，市议会宣布在该岛修建德意志博物馆。该岛的名称也由煤炭岛更名为博物馆岛。

四轮车

甲壳车

为什么这么讲呢，博士爷爷。

其实，人们可以更早庆祝汽车的百年诞辰。

因为早在卡尔·奔驰的“专利车”之前，就已经有汽车发明家发明了一些稀奇古怪的汽车。

都是什么人发明的啊？
舜智你知道嘛
知道，这些发明家以英国人和法国人居多。

尼古拉斯·约瑟夫·古诺

卡尔·奔驰

一个不需要借助外力、能够自动向前行驶的运输工具一直是人类梦寐以求的东西。
舜智说的没错，像其他伟大的发明一样，汽车的创始人也不止一个。

蒸汽机是将蒸汽的能量转换为机械功的往复式动力机械。蒸汽机的出现曾引起了18世纪的工业革命。直到20世纪初，它仍然是世界上最重要的原动机，后来才逐渐让位于内燃机和汽轮机等。

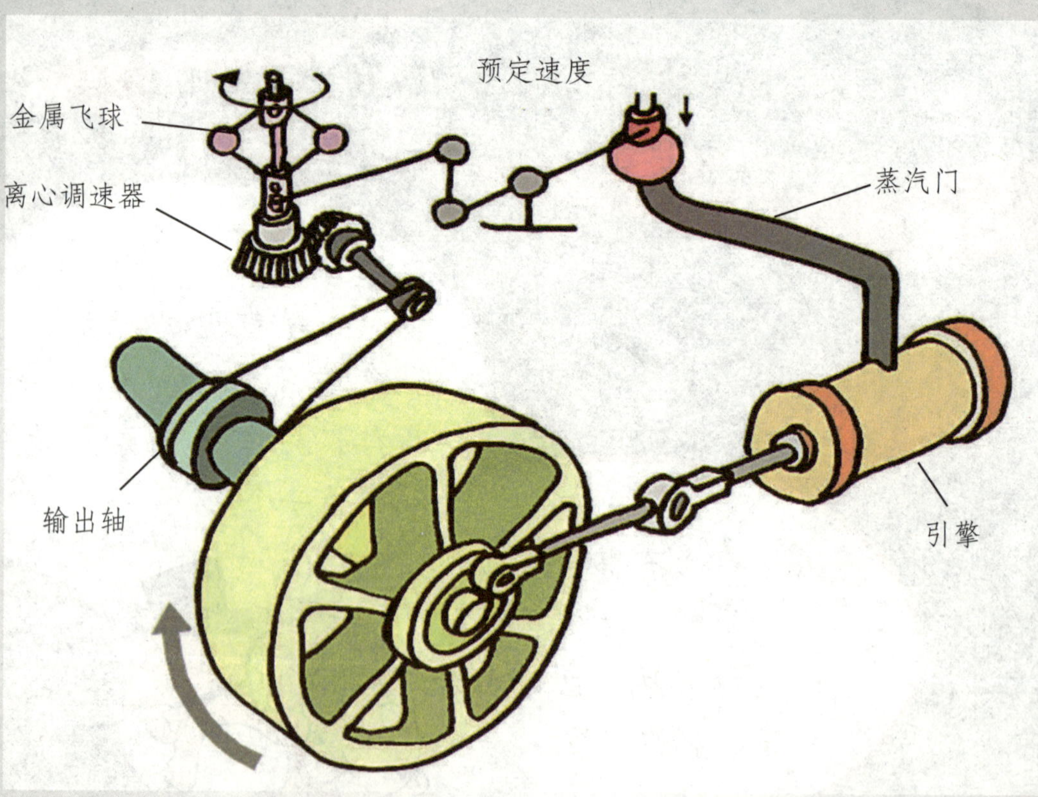

第一辆蒸汽机车

从此，前进动力的技术发生了革命性的变化。
那是在17世纪，直到蒸汽机的出现改变了这一切。
那么这件事情什么时候成为现实了呢？

蒸汽驱动的机动车
那么是谁第一次成功研制出利用蒸汽驱动的机动车呢？
是法国工程师尼古拉斯·约瑟夫·古诺。

1771年，当古诺公开试驾曾引起轰动的蒸汽机动车时，这个庞然大物撞上了一堵墙。
还有一个有趣的小插曲。
是什么啊？

小知识链接

交通事故

交通事故是指车辆在道路上因过错或者意外造成人身伤亡或者财产损失的事件。交通事故不仅是由不得特定的人员违反交通管理法规造成的；也可以是由于地震、台风、山洪、雷击等不可抗拒的自然灾害造成。

汽车交通事故

博物馆是征集、典藏、陈列和研究代表自然和人类文化遗产的实物的场所，是对那些有科学性、历史性或者艺术价值的物品进行分类，为公众提供知识、教育和欣赏的文化教育的机构、建筑物、地点或者社会公共机构。博物馆是非营利的永久性机构，对公众开放，为社会发展提供服务，以学习、教育、娱乐为目的。

詹姆斯·瓦特是英国著名的发明家，是工业革命时的重要人物。1776年制造出第一台有实用价值的蒸汽机。以后又经过一系列重大改进，使之成为“万能的原动机”，在工业上得到广泛应用。他开辟了人类利用能源的新时代，标志着工业革命的开始。后人为了纪念这位伟大的发明家，把功率的单位定为“瓦特”。

瓦特蒸汽机

詹姆斯·瓦特

在内燃机出现以前，蒸汽机一直占据着整个时代。苏格兰人詹姆斯·瓦特改进了老式蒸汽机。
我知道，在这种新式蒸汽机的推动下，汽船开始在海上横行无阻。

小知识链接

机床

机床是将金属毛坯加工成机器零件的机器，是制造机器的机器，又称为工作母机或工具机，习惯上简称机床。一般分为金属切削机床、锻压机床和木工机床等。现代机械制造中加工机械零件的方法很多：除切削加工外，还有铸造、锻造、焊接、冲压、挤压等。但凡属精度要求较高和表面粗糙度要求较细的零件，一般都需在机床上用切削的方法进行最终加工。在一般的机器制造中，机床所担负的加工工作量占机器总制造工作量的40%～60%，机床在国民经济现代化的建设中起着重大作用。

蒸汽机

蒸汽机车也开始在铁轨上呼啸而过。

拖拉机

拖拉机开始代替耕马被广泛使用。

大家说得都非常对。在新式蒸汽机的推动下，轰轰烈烈的机械化和工业化狂潮爆发了，制造蒸汽机和机床的工厂林立各地。

到1830年，这个英国已经有将近100多辆蒸汽机车。
博士爷爷，当时的英国是不是颁布了一部交通法。
没错，由于伦敦市民对行驶在街道上的蒸汽机车很恐惧，立法部门就颁布了《红色旗帜法》。

ROYAL PATENT

是的，《红色旗帜法》是世界上最早的一部交通法规。
这是最早的交通法嘛？

东风 0061

蒸汽机这么厉害，总也有被取代的时候吧！
舜智，你说呢！
没错，当现代新型驱动方式——内燃机驱动出现以后，以蒸汽机及蒸汽机车为代表的时代才最终结束。

煤气，是以煤为原料制取的气体燃料或气体原料。煤气是一种洁净的能源，又是合成化工的重要原料。

世界上第一辆汽车

嘿嘿~
在半个世纪之后，比利时发明家让·约瑟夫·勒努瓦利用日瓦茨的专利，制造出由煤气驱动的机车，并为这辆机车申请了专利。
舜智说的很对。

发动机是一种能够把其他形式的能转化为另一种能的机器，通常是把化学能转化为机械能。发动机既适用于动力发生装置，也可指包括动力装置的整个机器（如汽油发动机、航空发动机）。发动机最早诞生在英国，所以，发动机的概念也源于英语，它的本义是指那种“产生动力的机械装置”。

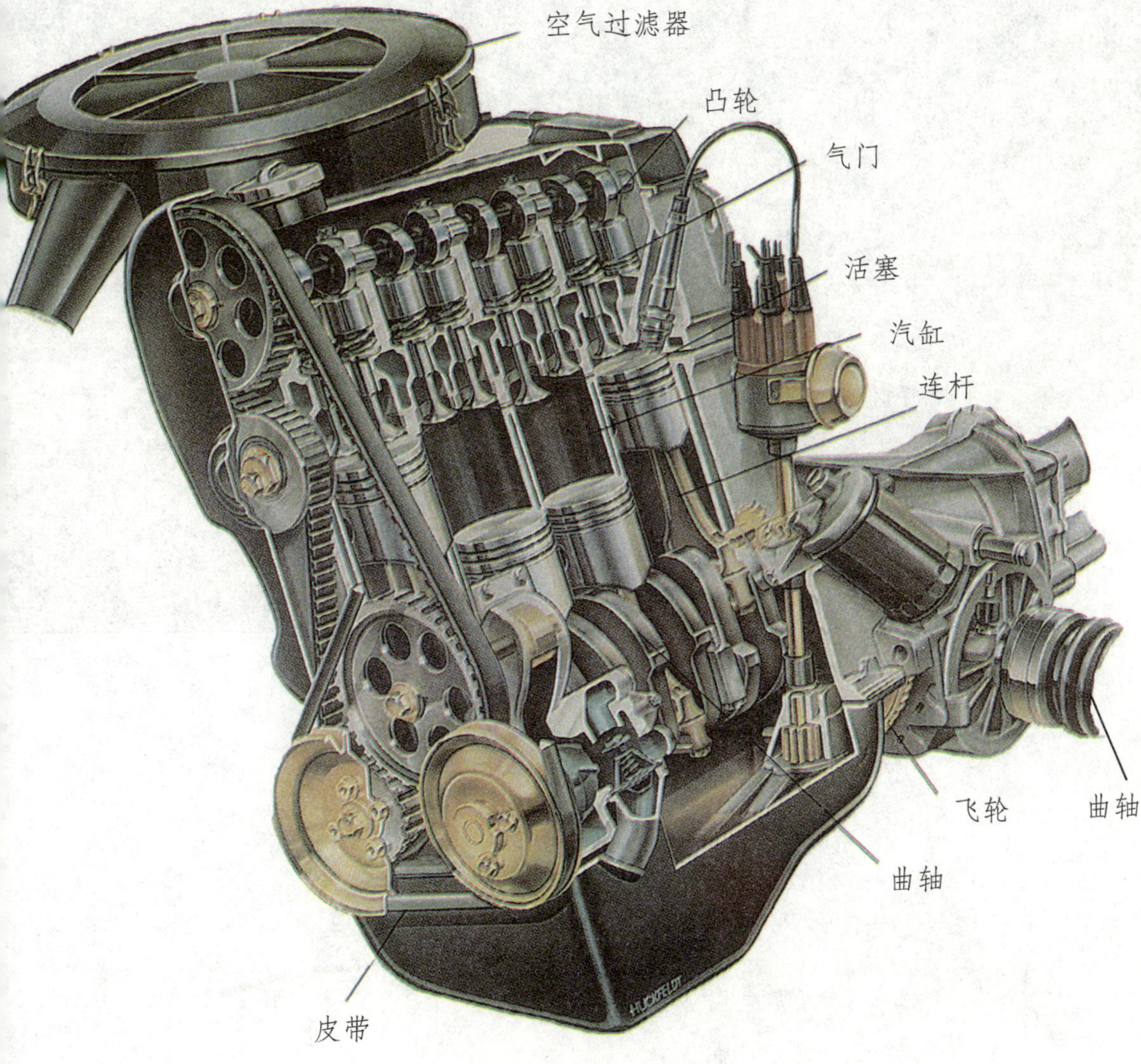

四缸四冲程发动机

有谁对四冲程发动机有一定的了解，给大家讲一讲。
我知道。早在1862年法国人阿尔·尤金博·德·洛卡斯就对四冲程发动机的工作原理进行了描述。

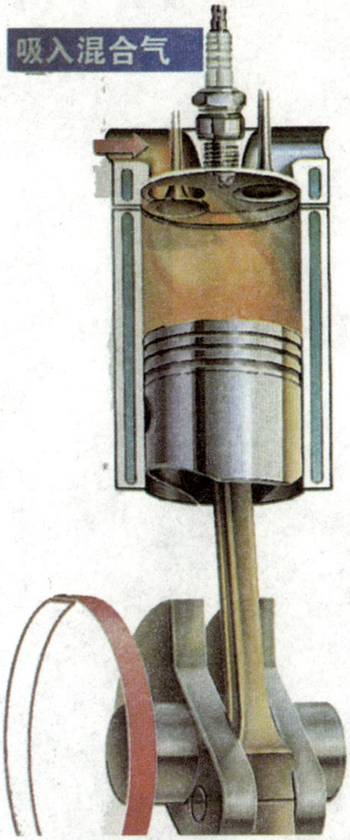
吸入混合气

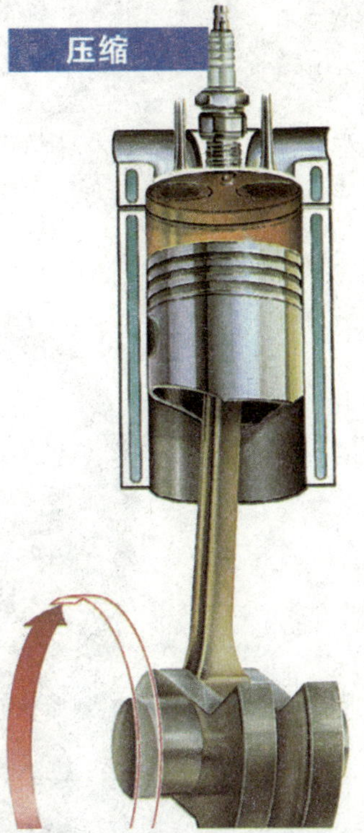
压缩

点火

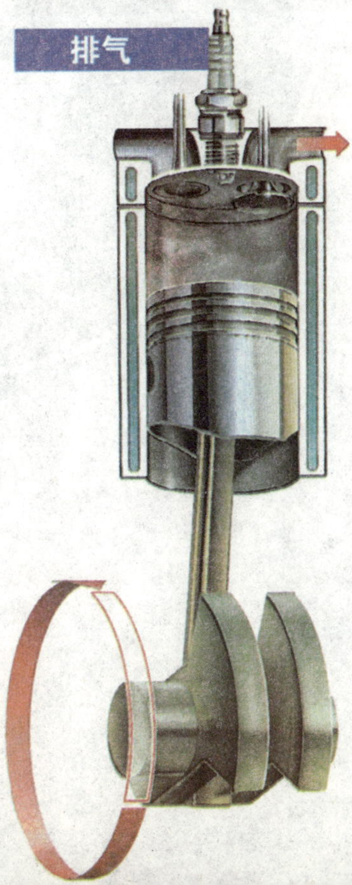
排气

内燃机
我也补充点。后来科隆的旅行商人尼古拉斯·奥古斯特·奥托借鉴洛卡斯的四冲程发动机的发明了一款内燃机。
是这个样子啊。

我也有补充。奥托的内燃机也是用煤气作为动力源，但是耗气量却只有勒努瓦汽车的一半。
大家，讲的都很对。

戴姆勒公司的创始人是德国工程师和发明家哥特利布·戴姆勒,他和卡尔·本茨各自独立发明了汽车。1852年，他就读于斯图加特工程学院。少年时代的戴姆勒就对燃气发动机产生了浓厚的兴趣，并开始学习研制奥托式燃气发动机。

小知识链接

马力

马力，一种功率单位,1马力等于每秒钟把75公斤重的物体提高1米所作的功。马力的另一层解释为：马的力量，或者指人的能量。

奥托的四冲程发动机汽车

当然，1885年他还利用汽油发动机设计了一辆带有木质车身和车轮的汽车。
戴姆勒真厉害。

戴姆勒汽车

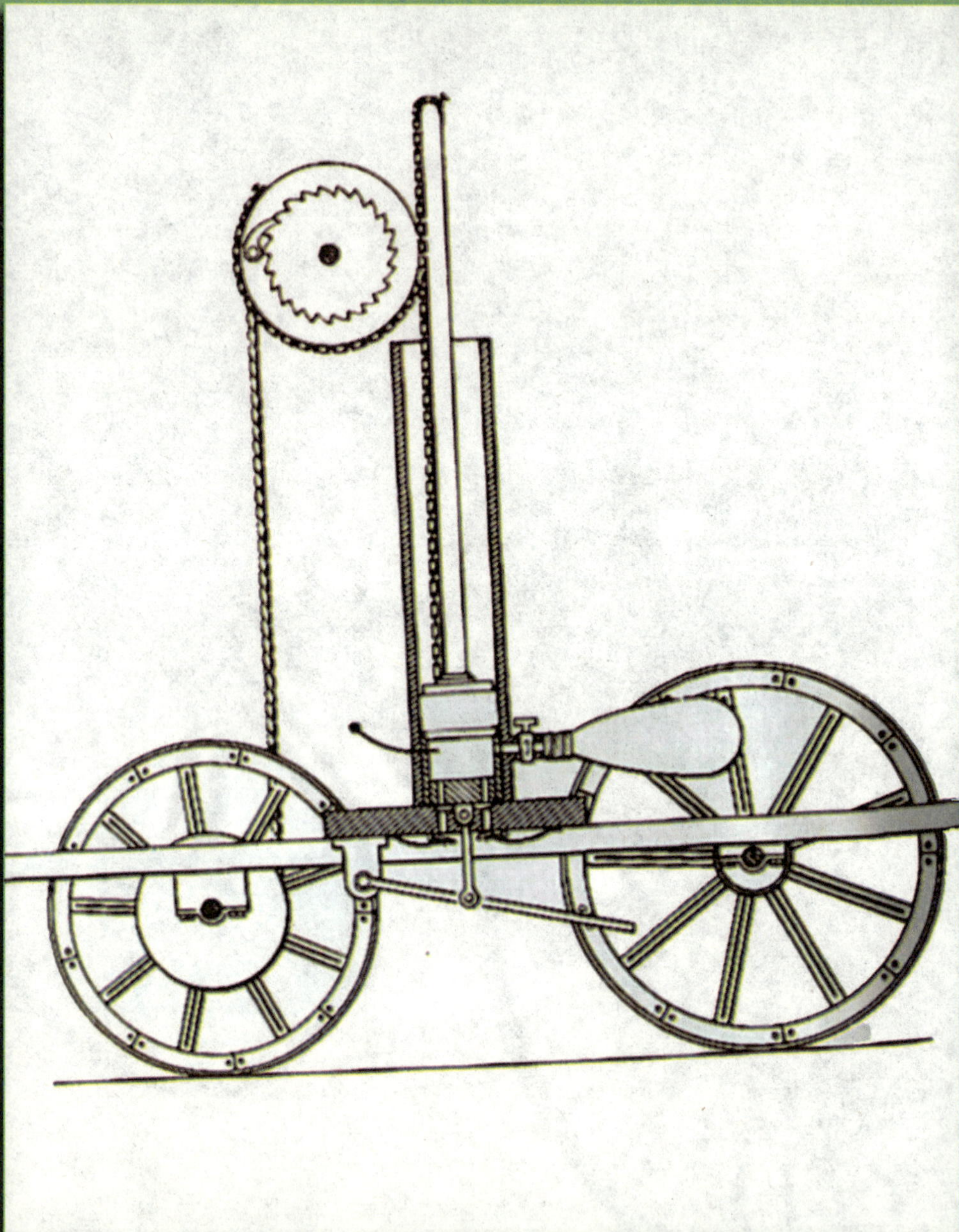

第一辆戴姆勒汽车

仅有两个车轮，而且是木质，不过轮胎是铁质的，驾驶座使用一个羽毛鞍座替代。
车辆汽车具体是什么样子的啊？
哈哈，很少有一辆汽车是这样的。

是的，不过在随后的一年里，戴姆勒改进了一辆四轮马车，并为其安装了发动机，时速达到16千米/小时。
原来第一辆的戴姆勒汽车只有两个轮子啊。

蓄电池
悬架支撑轴承
发动机缸体
散热器
发电机
减震架（包括减震器和弹簧）

后轮驱动：发动机通过传送装置和万向轴将动力装置和万向轴将动力传向的后桥。

传动装置

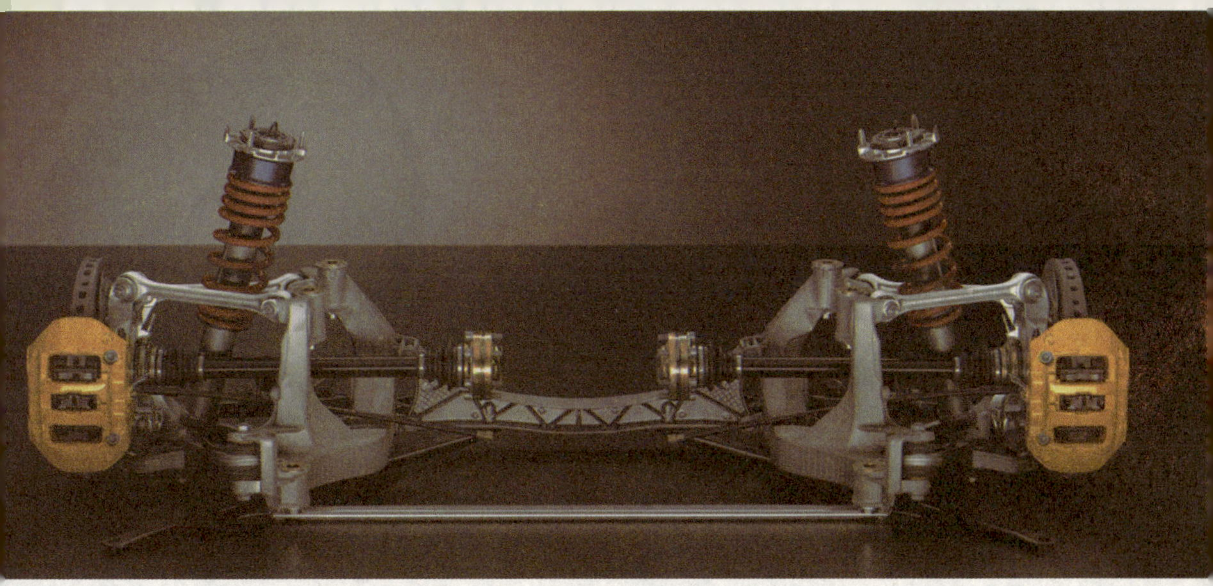

底盘

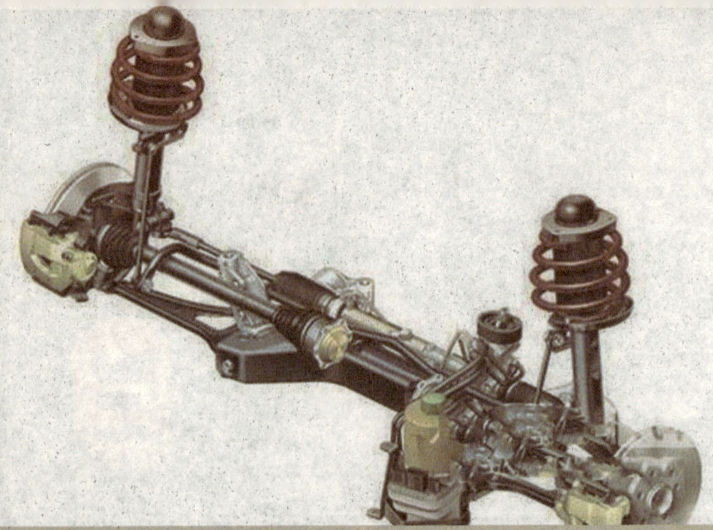

转向

制动装置

车身指的是车辆用来载人装货的部分，也指车辆整体。有的车辆的车身既是驾驶员的工作场所，又是容纳乘客和货物的场所。车身包括车窗、车门、驾驶舱、乘客舱、发动机舱和行李舱等。车身的造型有厢型、鱼型、船型、流线型及楔型等几种，结构形式分单厢、两厢和三厢等类型。车身造型结构是车辆的形体语言，其设计好坏将直接影响到车辆的性能。

Ferrari
那么为什么车辆从外观上看有差别呢？
在外观上，车辆之间的区别主要体现在车身设计和内部配置。当然，外观上的区别有些也是因为车辆的不同用途而造成的。

小知识链接

房车

房车又称“车轮上的家”，兼具“房”与“车”两大功能，但其属性还是车，是一种可移动、具有居家必备的基本设施的车种。其车上的居家设施有：卧具、炉具、冰箱、橱柜、沙发、餐桌椅、盥洗设施、空调、电视、音响等家具和电器，可分为驾驶区域、起居区域、卧室区域、卫生区域、厨房区域等，房车是集“衣、食、住、行”于一身，是实现“生活中旅行，旅行中生活”的时尚产品。

大多数人选择使用封闭的轿车。
我来补充。为了防止使用的不便，人们根据小轿车又研发出了紧凑型轿车。
没错，而且针对房车则研发出来客货两用车，简称“两用车”。

敞篷跑车

S VM 981
那就需要一辆带有折叠式车顶的敞篷汽车了。
那么如果我想听风从耳边呼啸而过，要开什么车呢？

货车

客车

马达：motor的译音，即电机、电动机。电子启动器就是现在人们通常所指的马达，又称启动机。它通过电磁感应带动启动机转子旋转，转子上的小齿轮带动发动机飞轮旋转，并且推动汽缸中活塞的运动。曲轴转动几圈后，发动机就被启动了。具有瓷芯底座的新型低成本火花塞和启动器这两项零部件创新，奠定了汽车发展的技术基础。

SOS-Ruf
Weiter

SERVICE

NOKIA
AUTO

汽车有这么多的种类，有这么多部分组成，那么对于每一辆汽车来说，它最重要的部分是什么呢？
应该是发动机。

无论车辆的大小、行驶速度的快慢，每辆汽车的核心部分都是发动机。
我看也是发动机。

热能又称热量、能量等，它是生命的能源。人的每天劳务活动、体育运动、上课学习和从事其他一切活动，以及人体维持正常体温、各种生理活动都要消耗能量。就像蒸汽机需要烧煤、内燃机需要用汽油、电动机需要用电一样。

汽车发动机

曲轴

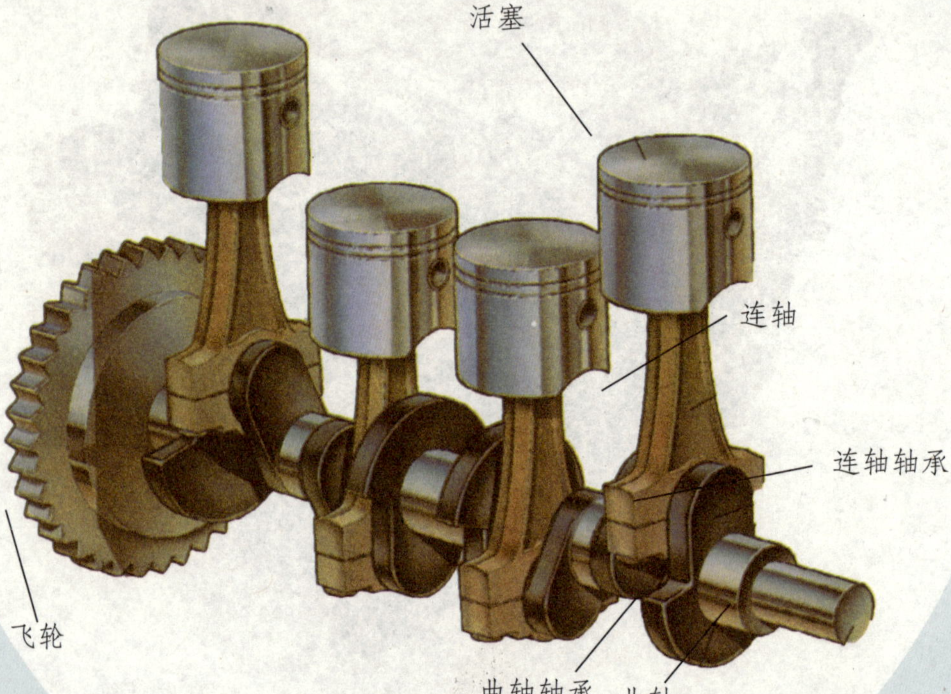

工作中的活塞带动曲轴旋转

我可以。以一个汽缸为例，在金属汽缸中，活塞不停的上下移动，活塞又通过一个连杆与曲杆相连，这就使得活塞的上下运动变成旋转运动。这种旋转运动又作用于传动装置和动力总成系统，而传动装置和动力总成系统刚好就是汽车能否向前行驶的关键。

大多数的发动机有四个汽缸，不过每个汽缸的运行状况都是一样的。有谁可以给大家讲一讲？

发动机

发动机设计师的最终目的是什么啊？
是为了让自己设计的发动机能够最大限度地利用燃料。

当然不是啊。发动机设计师总是不停地改进原有的产品，最终使现在的汽车配有两缸、三缸、六缸甚至十八缸发动机。
发动机是只有四缸的嘛？

有这么多种类型啊！
是啊，我们人类太有智慧啦！

变速器是改变机床、汽车、拖拉机等机器运转速度或牵引力的装置，由许多直径大小不同的齿轮组成。通常装在发动机的主动轴和从动轴之间。

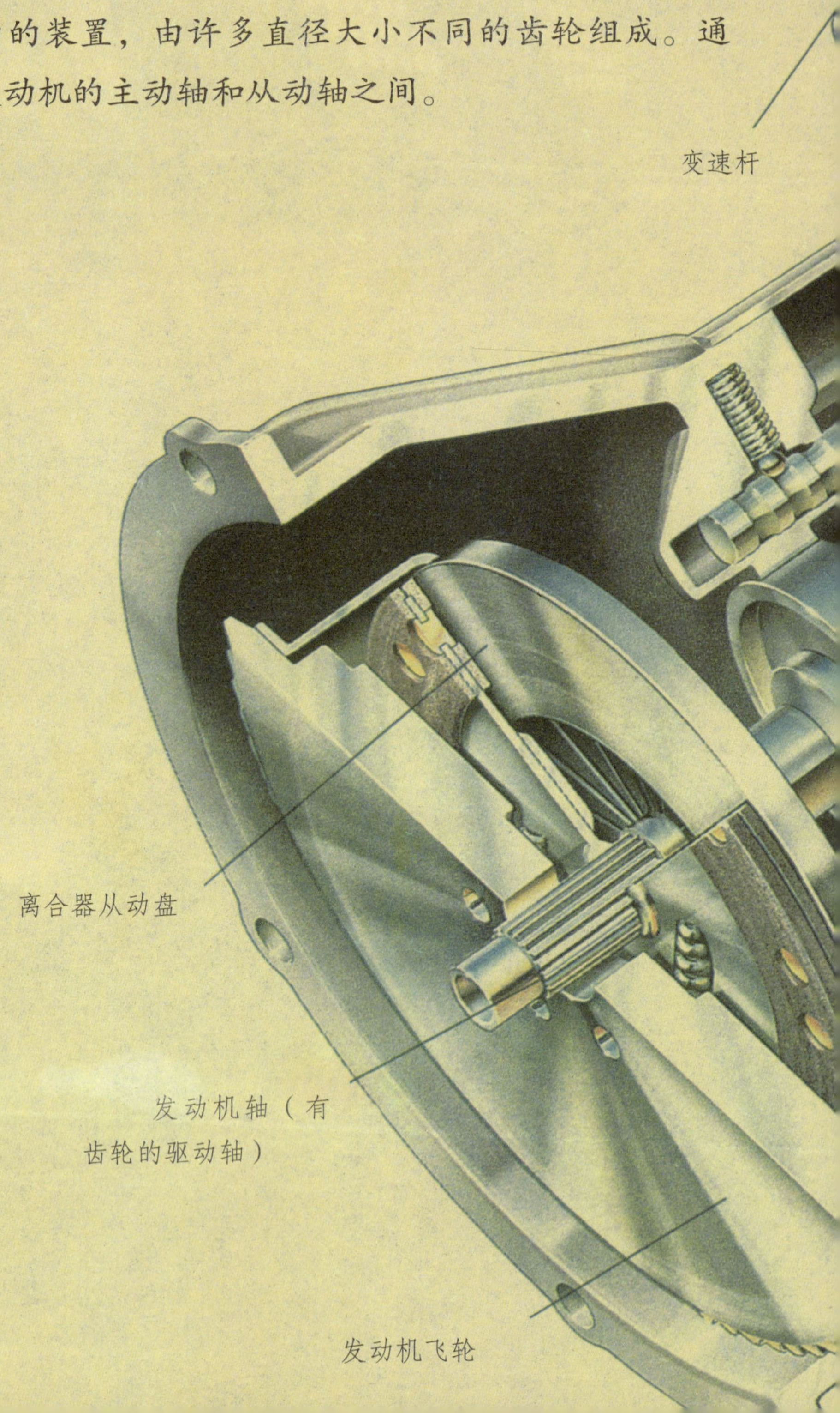

齿轮轴（变速
器主轴）
变速箱外壳
当然啦，汽
车有变速器！
为了冲刺和上坡，
自行车设计出了变速
档，那么汽车也有变速
档嘛？

汽车为什么要有变速档呢？
傻瓜，汽车不可能只用一个速度行驶。现在的汽车无论手动挡或自动挡，都分多个档位，以此满足汽车速度变换的需要。

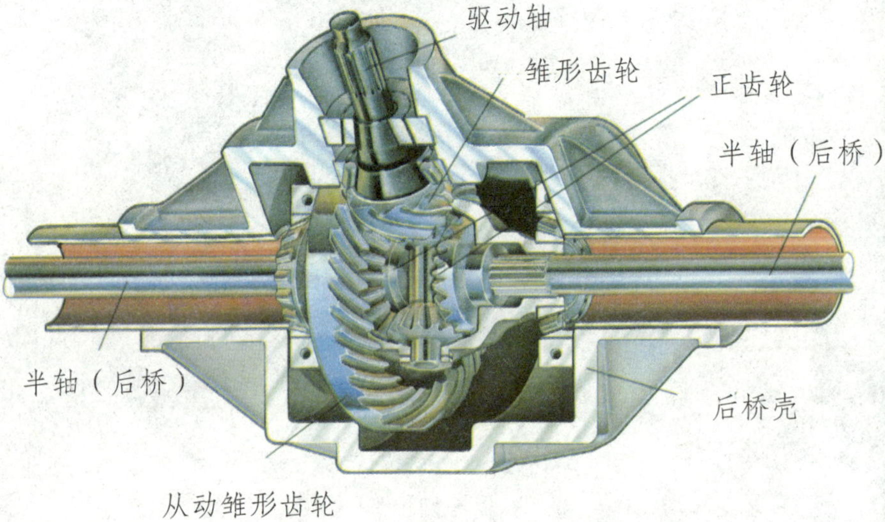

后桥体动器

小知识链接

差速器

汽车发动机的动力经离合器、变速器、传动轴，最后传送到驱动桥再左右分配给半轴驱动车轮。在这条动力传送途径上，驱动桥是最后一个总成，它的主要部件是减速器和差速器。差速器，是一种能使旋转运动自一根轴传至两根轴，并使后者相互间能以不同转速旋转的差动机构。一般由齿轮组成。汽车、拖拉机上的差速器位于后桥内，由差速壳、行星齿轮及半轴齿轮组成。汽车差速器是驱动桥的主件。它的作用就是在向两边半轴传递动力的同时，允许两边半轴以不同的转速旋转，满足两边车轮尽可能以纯滚动的形式作不等距行驶，减少轮胎与地面的摩擦。

EV Charging Equipment
电动汽车充
中国南方电网
发动汽车是需要电的嘛？
需要电来发动汽车。

BYD

电能是现代社会最主要的能源之一。发电机是将其它形式的能源转换成电能的机械设备。最早的发电机产生于第二次工业革命时期，由德国工程师西门子于1866年制成。它由水轮机、汽轮机、柴油机或其他动力机械驱动，将水流、气流、燃料燃烧或原子核裂变产生的能量转化为机械能传给发电机，再由发电机转换为电能。发电机在工农业生产、国防、科技及日常生活中有广泛的用途。

发电机

博士爷爷，现在什么都讲究智能，汽车发展到现在已经出现智能汽车了嘛？
是的。自从电脑出现以后，工程师们就想要通过电子程序，简化汽车驾驶过程中的人工操作，并提高驾驶安全性，制造与司机“共同思考”的汽车。

ESP系统实际是一种牵引力控制系统。与其他牵引力控制系统比较，ESP不但控制驱动轮，而且可控制从动轮。如后轮驱动汽车常出现的转向过多情况，此时后轮失控而甩尾，ESP便会刹慢外侧的前轮来稳定车子；在转向过少时，为了校正循迹方向，ESP则会刹慢内后轮，从而校正行驶方向。

现在，电子发动机管理系统已经可以控制点火系统，控制自动刹车系统，ESP是汽车史上具有革命性意义的创新型电子稳定系统。
现在呢？

藏在方向盘中
的安全气囊。

小知识链接

液压系统

液压系统的作用为通过改变压强增大作用力。一个完整的液压系统由五个部分组成，即动力元件、执行元件、控制元件、辅助元件（附件）和液压油。一个液压系统的好坏取决于系统设计的合理性、系统元件性能的的优劣，系统的污染防护和处理，而最后一点尤为重要。近年来我国国内液压技术有很大的提高，不再单纯地使用国外的液压技术进行加工。

防抱死制动系统ABS全称是Anti-lock Braking System，即ABS，可安装在任何带液压刹车的汽车上。它是利用阀体内的一个橡胶气囊，在踩下刹车时，给予刹车油压力，充斥到ABS的阀体中。此时气囊利用中间的空气隔层将压力返回，使车轮避过锁死点。

在汽车受到撞击时，安全气囊内的气体会在不到一秒的时间里充满安全气囊，以保障车内人员安全。

ABS是防抱死系统，不过我也有一个问题即安全气囊的弹开速度有多快！

PASSAT

目前，我国对营运汽车实施强制报废，汽车使用年限按车型的不同分为8~15年。对非营运汽车无使用年限限制。

为了提高汽车的销售量，每款汽车都会尽可能多的采用最新的科技成果，来对汽车的外观、舒适度等方面进行提升。几乎所有的车型每一两年就会经历“面部翻新”，而每隔4到5年就会有新款汽车诞生。

这样的话，一辆汽车能用几年啊？

S MC 197

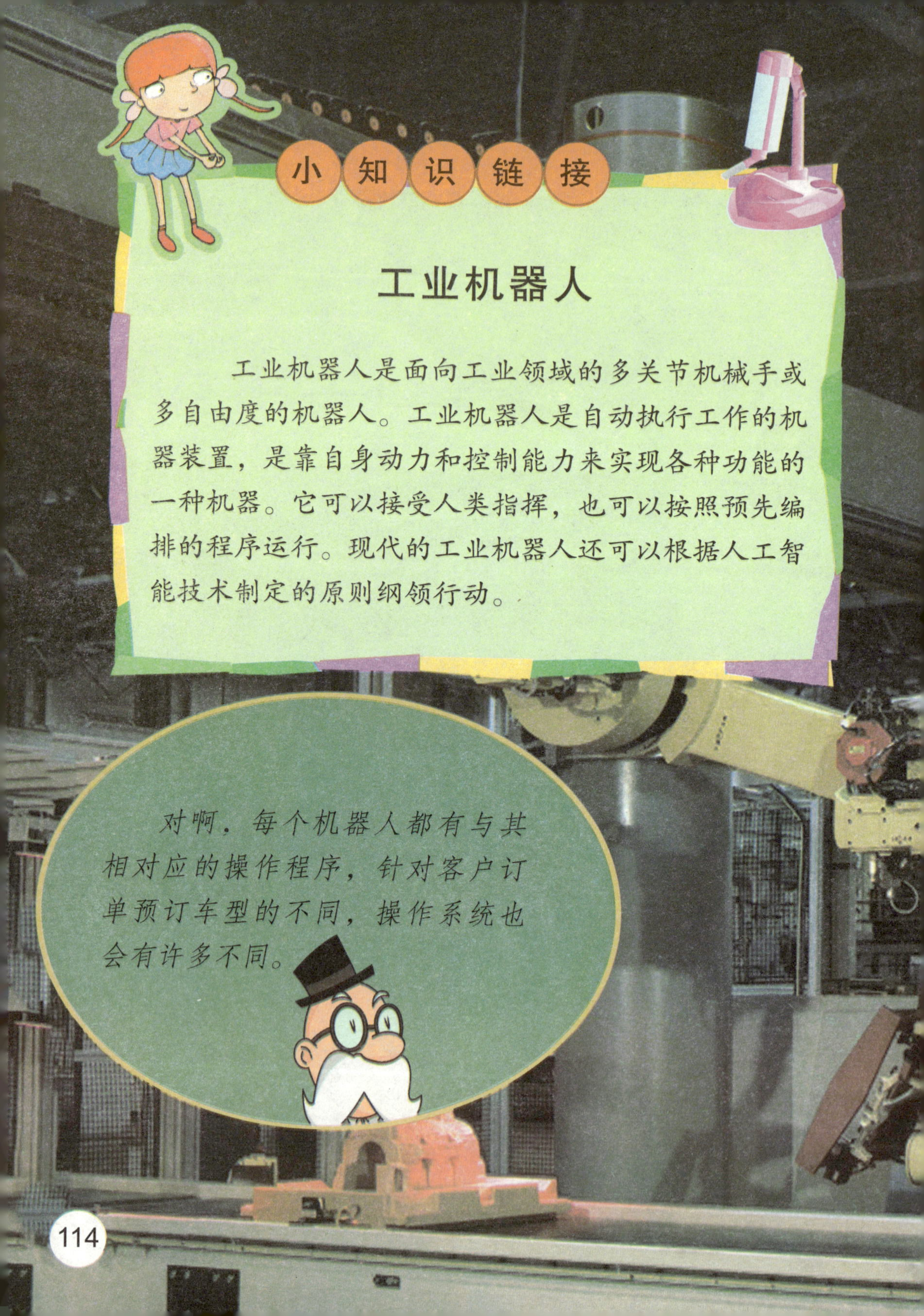

小知识链接

工业机器人

工业机器人是面向工业领域的多关节机械手或多自由度的机器人。工业机器人是自动执行工作的机器装置，是靠自身动力和控制能力来实现各种功能的一种机器。它可以接受人类指挥，也可以按照预先编排的程序运行。现代的工业机器人还可以根据人工智能技术制定的原则纲领行动。

对啊，每个机器人都有与其相对应的操作程序，针对客户订单预订车型的不同，操作系统也会有许多不同。

我知道，以前组装汽车是靠人工，现在已经有越来越多的工业机器人参与汽车的制造。
啊，我们人类太有智慧啦~
那么汽车是如何完成组装的呢？

F1，是英文“Formula one World Championship”的简写，中文名称为“一级方程式世界锦标赛”，又称“F1大奖赛”。"Formula”是“规则与限制”的意思，被译为“方程式”。所有参加的队伍都必须在遵守国际汽联所制订的规格与规则下来制造赛车以及进行比赛。而这套如方程式般精准的规则是国际汽联所制订的方程式赛车规范中等级最高的，用“一级”标记，所以称为F1。

F1车赛

博士爷爷，我知道F1，那是什么啊？
F1是一种汽车赛事，1947年国际汽车联合会FIA在组织世界顶级赛事——国际汽车大赛时，首次为F1（一级方程式）车赛制定了明确的规则。后来针对微型车辆，F2（二级方程式）和F3（三级方程式）车赛又相继出现。
而且在F1车赛中，只有世界顶级车队签约的车手，才能驾驶这些世界顶级的赛车。
哇，好酷哦~

那什么是汽车拉力赛啊？
汽车拉力赛是在一个国家内或者跨越数国举行的长途比赛。比赛既检验车辆的性能和质量，又考察驾驶员的技术。

赛车

小知识链接

新能源汽车

新能源汽车是指除汽油、柴油发动机之外所有其他能源汽车。包括燃料电池汽车、混合动力汽车、氢能源动力汽车和太阳能汽车等。其废气排放量比较低。据不完全统计，全世界现有超过400万辆液化石油气汽车，100多万辆天然气汽车。中国市场上在售的新能源汽车都是混合动力汽车。

现在有些汽车是用电力的，在新能源汽车的研制中，研究人员也尝试了利用太阳能来驱动汽车。
也有研究沼气、植物油或酒精的发动机。
我们现在的汽车大部分是用汽油和柴油，还有用其他燃料的嘛？
在新能源汽车的研制中，有一些汽车用天然气作为燃料。目前研究人员还在试图研制出电动机驱动、燃气涡轮机驱动或使用天然气、液态气体作为燃料的汽车。

氢气电池

WASSERSTOFF
不过，设计师们最有可能取得成功的是研发出氢气发动机或燃料电池。
这个我了解一些，氢气是一种无色无味的气体。

为什么氢气能作为汽车的燃料呢？
有两点，首先氢元素是水的组成部分，而我们的地球约有70%被水覆盖，其资源取之不尽。其次，氢气燃烧后生成水，不会产生有害气体。

氢气是世界上已知的最轻的气体。它的密度非常小，只有空气的1/14，即在标准大气压、0℃下，氢气的密度为0.0899g/L。所以氢气可作为飞艇的填充气体（由于氢气具有可燃性，安全性不高，飞艇现多用氦气填充）。灌好的氢气球，往往过一夜，第二天就飞不起来了。这是因为氢气能钻过橡胶上人眼看不见的小细孔，溜之大吉。不仅如此，在高温、高压下，氢气甚至可以穿过很厚的钢板。氢气主要用作还原剂。

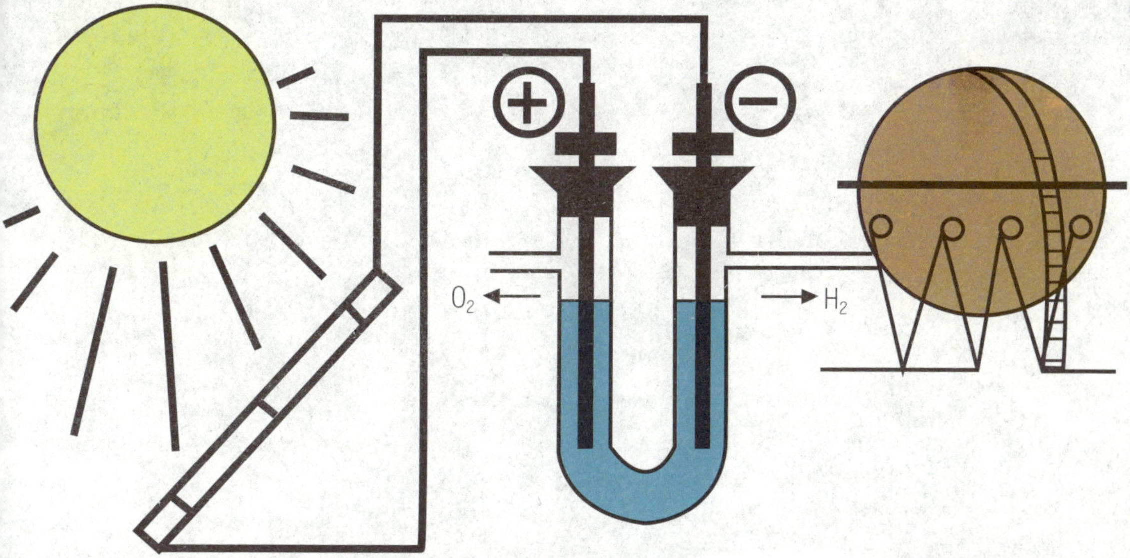

电解水——水提取氢气和氧气化学反应

新概念汽车是汽车制造厂家在车展会上推出的、以体现超前设计思想和水平的样车。新概念汽车主要用以展现制造厂家雄厚的科研和新产品开发能力，同时也起“引导消费”的作用。
博士爷爷，我有一个问题什么是新概念汽车呢？

新概念汽车

Compressed Natural Gas
Parallel Hybrid

新概念汽车有哪几种分类啊?
舜智、晓悦、大宇你们谁知道啊?
我知道，新概念汽车分为两种：一种是真正能跑的汽车，另一种是设计概念模型。前者比较接近于批量生产，设计接近于实用化。后者是更为超前的设计，只是未来发展的研究设想。
Fuel Cell

Astrakhan
Volga
CASPIAN
Donetsk
Rostov
Krasnodar
Grozny
Baku
SEA OF
AZOV
Odesa
Yalta
BLACK SEA
Samsun
T'bilisi
Yerevan
Bucharest
Sevostopol
Chisenau
Tabriz

汽车工程师们在研发汽车时候，时常会注意到环保问题。
现在有什么研究成果啊！
目前，在制造节能型和环保型汽车的领域中，所取得的最大成就就是对汽车发动机的改进。
IRAN
Jodhpur
Jaipur

铝制车身比铁质车身更轻，铝制车身的汽车油耗也更低。
在制造重量更轻的汽车方面，也有一定的成果。
是什么呢？

小知识链接

绿色汽车

绿色汽车是环保型汽车的美称。通常是指那些开发过程无污染，使用健康且安全，不会破坏环境和生态，在特定的技术标准下生产出来的汽车产品。它对汽车生产基地、汽车能源、汽车尾气的要求，对汽车从成产、销售到废品回收的整个过程的要求，以及对环境、生产技术、安全等方面的要求，都有一定的国际标准。

从环保和节约材料的角度考虑，未来的汽车或许会简化到只有基本必要部件的地步。
还有比铝制车身更轻，但价格也相对更贵的车身——人工合成材料车身。
博士爷爷，真的有“绿色”汽车嘛？

Zutritt

回收是回收利用的一种。指从废物中分离出来的有用物质经过物理或机械加工成为再利用的制品。
当然啊，拆下来的各个部件可以回收再利用。
而且 简化版汽车的各个部件都可以被轻松的被拆卸下来。
这么神奇啊~

真正的环保型汽车短时间还不会出现。我们所能做的是逐步改进现有的汽车，油耗的每一次降低，燃烧过程的每一次洁净改革，都有益于我们的环境和健康，也会为我们带来驾驶的新感觉。
真正的环保型汽车出现了嘛~

Mercedes-Benz

拥有自己的汽车来代步真的很方便，那么目前，全球有多少辆私家车呢？
有5亿辆。

私家车，私人自己买的，拥有使用支配权的，在不违法的情况下可以自由的使用支配。

我猜有8亿辆。
晓悦说的比较接近，目前全球私家车已经突破10亿辆。

所以，为了让所有的公共交通参与者和睦相处，交通部门制定了严格的交通法规，并强制要求所有汽车驾驶人员参加驾驶培训并接受考核。
哇，有这么多啊~

最新交通法规扣分细则

国家公安部2012年10月8日公布了最新修订的《机动车驾驶证申领和使用规定》。新交通规则严格了对驾驶员的管理。最新交通法规扣分细则也更为严格，闯红灯交通违法记分将由3分提高到6分，不挂号牌或遮挡号牌的一次就将扣光12分。最新交通法规中关于校车驾驶人管理的内容自发布之日起施行，其他规定将于2013年1月1日起正式施行。2013新交通规则提高了违法成本，记分项也由38项增加至52项。

具体扣分细节如下：

交通违法的处理：(被交警抓到)

1. 闯红灯，记6分，罚100元。
2. 酒驾，5年内不得再考取驾照。
3. 不系安全带，记3分，罚100元。
4. 副驾不系安全带，记1分，罚50元。
5. 行驶途中拨打手机，记3分，罚100元。
6. 行驶途中抽烟，记1分，罚100元。
7. 有意遮挡号牌，记12分，顶额处罚。
8. 超速驾驶，记6分。

从2012年7月起，7种摄录违法(非现场处罚)罚款+记分：(是摄录罚款)1. 闯红灯，罚款200元。2. 不按导向车道行驶，罚款200元。3. 违反禁止标线行驶，罚款100元。4. 超速行车，罚款200元。5. 机动车走非机动车车道，罚款100元。6. 逆行，罚款200元。7. 违停车，罚款200元。

下述非现场处罚交通违法记6分：

1. 机动车行驶超过规定时速50%以上；
2. 高速公路行车道停车；
3. 机动车在高速公路或城市快速路遇交通拥堵占用应急车道行驶。

是啊，机动车驾驶人员必须持有驾照。
这要求所有机动车驾驶人员都要参加培训并接受考核啊！

DYMO
DYMOCKS
NO RIGHT TURN
CITY 428
那么怎样才能成为一名合格的驾驶员呢？
要遵守交通法规啊~

驾驶员主要是指交通工具的驾驶者，一般多指汽车的驾驶者。驾驶员也多指军用设备的驾驶者，如飞机驾驶员、坦克驾驶员等。

驾驶车辆时，要做到小心谨慎、精神集中、具有超前预见性及耐性、驾驶风格尽量保守。
具体要怎么做呢？

PIZZERIA
BAR

Push button
Wait for signal
晓悦说的没错。为了他人和自身的安全，我们无论是开车还是作为行人，都要严格的遵守交通规则。
我觉得，作为行人也要遵守交通规则。

今天我们学习了汽车的发展，大家要好好消化，当然也要记得遵守交通规则哦~
是啊，遵守交通规则人人有责。
今天的收获可真不小！
知道啦，谢谢博士爷爷~